A
B
C
D

WILLI

steht seiner Freundin Maja treu zur Seite und schlittert mit ihr von einem Abenteuer ins nächste. Er ist sehr einfallsreich und möchte dir beim Schreiben der Buchstaben helfen. Hier zeigt er dir, wie du E, F, G und H schreiben kannst. Nur Mut!

Die Biene Maja

ZAUBERTAFEL-BUCH

BUCHSTABEN

STUDIO 100

TRÖTSCH VERLAG

DIE BIENE MAJA

ist eine besonders neugierige, liebenswerte und lebhafte kleine Biene, die auf der Klatschmohnwiese lebt. Hier besteht sie mit ihren Freunden viele Abenteuer. Lass dir von Maja beim Lernen des Alphabets helfen! Die ersten vier Buchstaben, also A, B, C und D, kannst du bestimmt ganz einfach nachschreiben.

E F

G H

FLIP

liebt seine Ruhe. Deshalb weiß er oft nicht genau, was er von der quirligen Maja halten soll. Denn die sorgt ja regelmäßig für Aufregung. Doch letztlich steht Flip der kleinen Biene als väterlicher Freund mit Rat und Tat zur Seite. Flip zeigt dir gern, wie du die sechs Buchstaben I, J, K, L, M und N nachschreiben kannst.

I  J K

L M N

BEN

der Mistkäfer, ist Majas und Willis guter Freund. Er verbringt viel Zeit damit, Mistkugeln zu rollen, die er „Balli" nennt und abgöttisch liebt. Und das Alphabet? Kein Problem! Sieh genau hin, wie er O, P, Q und R schreibt.

O P

Q R

LARA

ist ein Marienkäfermädchen. Sie mag es gar nicht, wenn ihre Flügel nass oder ihre Füße dreckig werden. Wenn Maja viel Aufmerksamkeit bekommt, ist Lara ein bisschen neidisch. Doch insgeheim bewundert sie die muntere Biene. Lara mag Buchstaben sehr. Das Schreiben von S, T, U und V kannst du von ihr lernen. Viel Spaß!

S T

U V

WALTER

ist eine kleine Fliege und meist ziemlich aufgedreht. Er möchte immer der Beste und Schnellste sein und legt dabei nicht viel Wert auf die Meinung anderer, denn er weiß: Er ist die schlauste Fliege auf der Wiese! Daher ist das Alphabet für ihn auch ein Klacks. Gern hilft er dir bei den Schreibübungen für W, X, Y und Z. Mit diesen letzten vier hast du nun alle 26 Buchstaben kennengelernt.
Sehr gut!